DÉFENSE

DE

M. L'ABBÉ DEMNISE

CURÉ DE LUCY

Devant la Cour d'Appel de Metz

Le 7 Mai 1874.

PRIX : 75 CENTIMES.

PONT-A-MOUSSON

Imprimerie Eug. ORY, rue St-Laurent, 66.

1874.

DÉFENSE

DE

M. L'ABBÉ DEMNISE

Curé de Lucy.

Pont-à-Mousson, Imp. Eugène ORY.

DEFENSE

DE

M. L'ABBÉ DEMNISE

CURÉ DE LUCY

Devant la Cour d'Appel de Metz.

Le 7 Mai 1874.

PONT-A-MOUSSON

Imprimerie Eug. ORY, rue St-Laurent, 66.

1874.

DÉFENSE
DE
M. L'ABBÉ DEMNISE
Curé de Lucy

Devant la Cour d'Appel de Metz

Le 7 Mai 1874.

Messieurs,

C'est à ma grande surprise que je me vois aujourd'hui transformé en avocat. Certes, je n'avais pas ambitionné cet honneur et, je l'avoue, je ne laisse pas que de redouter un peu la tâche qu'il m'impose. Du haut de la chaire, je n'ai guère à m'inquiéter des écarts ni des défaillances de mon langage, on n'attend et on n'exige de moi que la vérité ; la vérité entière, sans exagération et sans vaines complaisances. Ici, en disant toute la vérité, n'ai-je pas à craindre de froisser une délicatesse légitime et d'outrepasser le privilége de la défense ? Obligé, après avoir prêché aux autres leur devoir, de prouver que je n'ai pas méconnu le mien, ne me faudra-t-il pas sacrifier de mes moyens de justification et préférer la culpabilité à l'oubli présumé des convenances ?

Telle est, Messieurs, la perplexité où je me trouve. Laissez-moi compter sur votre indulgence ; le métier du barreau ne m'est pas familier, s'il m'échappe quelques paroles, si j'exprime certaines pensées incompatibles avec les droits de cette enceinte ce sera contre mon gré et à mon insu ; ne m'interrompez, je vous prie, après je les désavouerai.

Je dois dire cependant que la crainte est tempérée en moi par la confiance. Vous êtes, Messieurs, la personnification de la justice. Les Anciens qui symbolisaient tout, représentaient la Justice un bandeau sur les yeux, une balance en parfait équilibre à la main. Ainsi, vous ne voyez pas les circonstances multiples qui, par diverses étapes, m'ont amené devant vous ; assis sur ce tribunal, vous planez au-dessus des préoccupations de la politique, vous n'appartenez plus à aucune nation.

Une nation peut avoir, suivant son tempéremment, sa législation spéciale, on pourra dire, par exemple, la législation allemande ; mais la justice n'a pas de nationalité, c'est le seul être, je crois, qui ne souffre point de qualificatif. Dire : la justice allemande serait infliger à l'Allemagne une suprême injure. On dit la justice humaine ? mais par contraste avec cette justice intuitive, sans méprises et sans regrets, la justice divine ; et n'est-il pas vrai, Messieurs, que votre sentence, quand elle a été ratifiée par une juridiction supérieure, jouit d'une infaillibilité au moins de convention ?

Aussi la personne du magistrat est partout entourée d'un prestige incomparable ; en présence d'un magistrat, les injustices du sentiment national se taisent et laissent parler le respect, et tenez, Messieurs, je vous le confesse dans toute la sincérité de mon âme, on me suggérait de ne pas interjeter appel ; vous allez, me disait-on, vous heurter contre un parti pris, votre parole sera étouffée. J'ai fermé l'oreille à toutes les insinuations et je m'en félicite, la bienveillance avec laquelle vous m'écoutez me prouve que vous ne voulez considérer qu'une loi et un fait.

La justice, en effet, est l'application d'une loi à un fait. Tel fait tombe-t-il sous le coup de telle loi ? C'est au magistrat à le dire ; que cette loi soit dangereuse dans son application, trop rigoureuse dans les peines qu'elle édicte, c'est l'affaire du législateur, ce n'est pas celle du magistrat. Le magistrat n'apprécie pas la loi, il l'applique ; il peut la dégager des ombres qui l'enveloppent, l'interpréter ; alors il la fait toujours parler dans le sens favorable à l'accusé ; de la liberté qu'elle lui laisse, il se sert, non pour condamner, mais pour acquitter.

Mettons en présence de la loi le premier chef d'accusation, la lecture du mandement de Monseigneur l'évêque de Nancy.

J'ai insisté, à plusieurs reprises, pour obtenir du greffe, et le plus promptement possible, un extrait du jugement rendu en première instance, je n'ai pas eu la ressource, bien précieuse cependant, d'entendre l'accusation, elle a parlé une langue qui m'est absolument étrangère ; pouvais-je réfuter des arguments que je ne connaissais pas ? Je n'ai su qu'à la dernière heure, et par la bienveillance pleine de courtoisie de M. le président du tribunal correctionnel que j'ai rencontré par hasard et à qui j'ai eu l'inspiration de m'adresser, les considérants sur lesquels est basée ma condamnation. Alors, d'autre part sollicité par les exigences de mon ministère, j'ai dû marchander à ma défense le temps qu'elle réclamait ; elle portera inévitablement les traits de la précipitation dont elle est née.

Je m'étonne, Messieurs, que ce soit en Allemagne, où les pouvoirs publics sont si efficacement protégés par l'instinct national contre l'initiative individuelle, qu'on incrimine un prêtre catholique pour avoir lu le mandement de son évêque, Ai-je pour supérieur ecclésiastique Monseigneur l'évêque de Nancy ? Or, une publication officielle émanée du Conseil fédéral d'Alsace-Lorraine, en date du 12 Septembre 1870, dit : la constitution de l'église catholique et celle de l'église protestante, resteront en vigueur sans atteinte aucune, particulièrement le concordat du 15 Juillet 1801, les articles organiques du 8 Avril 1802 et la loi du 26 Mars 1852 avec les instructions et ordonnances qui la concernent.

Par là le Conseil fédéral s'est substitué, quant à ma situation devant mon évêque, au gouvernement français ; il me laisse, sans y toucher, les mêmes obligations, il doit me traiter comme me traiterait le gouvernement français. Or, l'article 30 des articles organiques déclare : que les curés seront soumis immédiatement aux évêques dans l'exercice de leurs fonctions. Qui dit soumis, dit : tenu d'obéir sous la sanction d'une peine en cas de désobéissance. Or la lecture d'un mandement n'est-elle pas une de mes fonctions essentielles ?

Citez-moi le fait d'un prêtre poursuivi correctionnellement en France pour avoir lu le mandement de son évêque ? Il ne le serait que si l'appel comme d'abus avait frappé ce mandement. Dès lors qu'un mandement est frappé d'appel comme d'abus, les droits de la société s'interposent entre l'évêque et le prêtre ; le prêtre échappe à l'autorité de son évêque pour rentrer sous l'autorité de la société. Il est sujet de son évêque, il l'est aussi de la société ; il l'est nécessairement de l'un et de l'autre. Jusqu'à ce que la société intervienne, le prêtre reste sujet de son évêque. Et comment la société intervient-elle ? Comment interpose-t-elle ses droits entre l'évêque et le prêtre ? Par l'appel comme d'abus. Or le mandement incriminé était-il frappé d'appel comme d'abus ?

L'argument que l'accusation s'est fait contre moi d'une sentence de la Cour de Cassation n'a ici aucune valeur. Je cite : les ministres du culte catholique, ne peuvent, pas plus que les ministres des autres cultes, être considérés comme agents du gouvernement ; ils peuvent en conséquence, être poursuivis, sans autorisation préalable du Conseil d'État, à raison des délits commis par eux dans l'exercice de leurs fonctions. (Loi du 22 Frimaire, an VIII, art. 75). Je reconnais avec la Cour de Cassation que je ne suis pas un agent du gouvernement ; avec elle je reconnais que je puis être poursuivi, sans autorisation préalable du Conseil d'Etat, pour délits commis dans l'exercice de mes fonctions. Déférez-moi aux tribunaux, sans autorisation préalable du Conseil d'État, pour délits commis de ma propre initiative, je n'y trouverai rien à redire ; déférez aux tribunaux, sans autorisation préalable du Conseil d'État, Monseigneur l'évêque de Nancy, pour le délit du mandement incriminé, vous le pouvez. Mais pour que je sois déféré aux tribunaux, il faut que je sois coupable d'un délit ; or y a-t-il délit dans la lecture d'un mandement de mon évêque ? Oui, quand la société s'est interposée entre mon évêque et moi, quand le mandement est frappé d'appel comme d'abus ; non, quand la société ne s'est pas interposée entre mon évêque et moi, quand le mandement n'est pas frappé d'appel comme d'abus. Est-ce à moi à interposer la société entre mon évêque et moi, à définir les droits de la société ou à la société elle-même? Vous voyez bien que la sentence de la Cour de Cassation tombe ici à faux.

L'application qui m'a été faite de l'article 130 du code pénal allemand, roule sur la même équivoque, je cite encore : tout ecclésiastique qui, dans l'exercice de ses fonctions, à l'église ou hors de l'église, par lecture ou prône, aura discuté les affaires de l'Etat ou tenu des propos de nature à troubler la paix publique, encourra la détention jusqu'à 2 ans, ou l'amende jusqu'à 200 thalers.

Lecture ! Est-ce lecture du mandement ? C'est toute sorte de lectures, de mandements et autres. Quand j'aurai discuté en chaire les affaires de l'État ou tenu des propos de nature à troubler la paix publique, que je l'aie fait dans une improvisation ou en transmettant de mémoire, à mes auditeurs, le discours que j'aurai écrit, ou, me défiant de ma mémoire, en leur en donnant lecture, j'encourrai la détention jusqu'à 2 ans ou l'amende jusqu'à 200 thalers ; l'article 130 ne dit pas autre chose. Un mandement peut être un délit de la part de mon évêque parce qu'il aura franchi la ligne qui sépare le domaine de l'Église du domaine de l'État ; la lecture que j'en fais n'est un délit de ma part que s'il est frappé d'appel comme d'abus et ce n'est que dans ce cas que l'article 130 peut l'atteindre. Ou bien, le code pénal allemand prétend-il me soustraire à l'autorité de mon évêque ? Alors qu'est-ce que cette publication officielle émanée du Conseil fédéral ? Que dois-je penser de sa sincérité ? N'était-elle qu'un piége tendu à mon honnêteté ?

La condamnation qui m'a frappée est donc la négation du devoir qui m'imcombe de lire le mandement de mon évêque ; elle déchire, d'un seul coup, la loi qui me soumet à mon évêque dans l'exercice de mes fonctions. Sur quelle loi a-t-elle pu s'appuyer ? sur aucune ; sur ce principe seulement : que l'inférieur ne doit pas obéissance à son supérieur quand les ordres de celui-ci s'écartent des limites qui circonscrivent leur sphère d'action. Avec ce principe, Messieurs, je défie la société de vivre un quart de siècle ; il soumet l'autorité à un contrôle perpétuel et sans frein ; personne ne relève plus que de soi, dans la famille et dans la nation. C'est peut être le principe qui a été le plus funeste à la France ; je désespère d'elle si l'autorité n'y reprend pas bientôt le prestige dont la sottise, l'intérêt personnel et les passions l'ont dépouillée.

On dit que le clergé est fort, pourquoi est-il fort ? parceque l'autorité y est forte. Depuis le chef suprême jusqu'au plus humble prêtre, c'est un faisceau que l'obéissance resserre en raison directe des efforts qui sont faits pour le dissoudre ; c'est un bataillon qu'on ne peut forcer parce qu'il s'applique avant tout à serrer ses rangs. N'allez pas rompre le lien sacré qui nous unit, les conséquences sociales en seraient désastreuses. Me refuser à lire le mandement incriminé ? Je ne le pouvais pas. Mes obligations hiérarchiques sont socialement déterminées; si, revêtu d'un ministère où mes actes sont une sorte de doctrine, j'oppose ma sagesse à celle de mon évêque, je prêche par mon exemple la révolte à ceux à qui je dois prêcher l'obéissance, j'apporte ainsi le trouble dans tout ordre hiérarchique et sans profit pour personne. Supposez, en effet, que j'aie condamné au silence les passages incriminés du mandement, ils seront lus quand même, d'autres feuilles les auront reproduits, on les entendra d'autres bouches ; je ne retirerai de ma prudente réserve qu'un scandale.

Et la repression disciplinaire dont je pourrais être frappé par mon évêque, vous ne m'en parlez pas ? Voilà pourtant, Messieurs, l'impasse où vous me mettez : si je lis le mandement incriminé, je suis condamné correctionnellement, si je ne le lis pas, il n'est pas frappé d'appel comme d'abus, j'encours une peine canonique ; dans un cas, la forteresse, dans l'autre, la suspense de mes fonctions, le pilori ecclésiastique, de tous le plus infamant ! Est-ce possible ?

Voyez quelle confusion, quelle énormité découle fatalement du principe que vous patronez. Il vous était si facile, cependant, de frapper d'appel comme d'abus le mandement incriminé ; tout s'arrangeait parfaitement ; je restais en règle devant mon évêque et devant la société, et la société tirait satisfaction du délit commis. Vous n'y avez pas songé ? Alors, si le mandemant a été lu ne vous en prenez qu'à vous-mêmes. Il n'a pu être frappé d'appel comme d'abus à raison des lacunes inévitables, mais essentiellement transitoires qui se sont glissées dans l'économie administrative ? Que voulez-vous que j'y fasse ? Suis-je tenu, moi, de combler ces lacunes ? Un mandement m'arrive, pur de toute censure, j'ignore si la sentinelle devant laquelle il a passé lui a crié ou ne lui a crié qui vive. Faudra-t-il, pour suppléer à l'impuissance ou à la négligence de la sentinelle, m'ériger moi-même en Conseil d'État.

J'ai la loi pour moi et vous n'avez pour vous, Messieurs, qu'un principe ; un principe dont je ne conteste pas la moralité, mais qui n'est pas formulé dans la jurisprudence en loi positive et dont la substitution à la loi conduirait promptement à l'anarchie sociale. Ce principe, dans les conditions où vous en faites usage, signifie : force majeure, et la force majeure, dans ces mêmes conditions, signifie : raison d'État.

La raison d'État est l'exercice le plus solennel

qu'une nation puisse faire de sa souveraineté. Devant la raison d'État, tout s'incline, tout s'efface, le magistrat et la loi. Imposer silence à la loi, au nom de la nation, à la loi qui exprime la volonté de la nation, qui reflète sa sagesse et son génie, qui la protège contre les passions humaines et veille à son repos, qui féconde ses facultés et la marque au front du sceau de la grandeur ! A la loi qui est le refuge de toutes les faiblesses et la compensation de toutes les infériorités, il faut pour cela que les circonstances soient bien graves ! Il faut que la nation soit arrivée à un de ces moments critiques ou s'agite pour elle, dans le coup de dés d'une grande détermination, la question de vie ou de mort ; le respect de la loi lui serait fatal, elle s'élève au-dessus de la loi ; *salus populi, suprema lex.*

De là vous pouvez pressentir, Messieurs, combien la raison d'État est une ressource dangereuse ; c'est aux mains des usurpateurs une arme dont ils se servent pour déchirer les institutions nationales et prendre d'assaut les trônes ; aux mains des despotes, un fouet dont ils ensanglantent les épaules d'une nation. Est-ce que la lecture du mandement incriminé créait à la nation un de ces moments critiques ? Est-ce que la nef glorieuse qui porte les destinées de l'Allemagne allait sombrer si je n'étais pas frappé d'une peine correctionnelle pour avoir lu, aux termes de la loi, le mandement incriminé ?

Mais si la raison d'Etat s'est substituée à la loi, ce n'est pas devant vous que je devais comparaître. Sans la loi, vous, Messieurs, vous ne pouvez rien, vous n'êtes rien. Entre vos mains, la raison d'État est une méprise. Si c'est la raison d'État qui parle, je ne relève que de l'État ; qu'il m'envoie un gendarme et tout sera dit.

Le tribunal de Saverne a poursuivi et condamné Monseigneur pour avoir obligé M. le Curé de Lixheim à lire le mandement incriminé, il a donc reconnu à Monseigneur le pouvoir d'obliger M. le Curé de Lixheim à lire ce mandement et à M. le Curé de Lixheim l'obligation de le lire ; M. le Curé de Lixheim a été condamné pour l'avoir lu, il a donc été condamné pour avoir rempli une obligation ; l'instrument est coupable comme la main qui s'en est servie. Et l'accusation ne verra ici qu'un fait de complicité où chacun des complices jouit également de sa liberté pleine et entière ? Allons donc ! Sous le poids d'une pareille inconséquence, vous en conviendrez Messieurs, on se croit jouet d'un rêve ! Reconnaissez donc que les poursuites devaient commencer et finir à Monseigneur ; pourquoi ont-elles commencé par nous et fini à Monseigneur ? C'est ce que je ne saurais m'expliquer,

Si vous croyez qu'une loi soit moins respectable parce qu'elle n'est qu'une loi ecclésiastique, vous êtes dans l'erreur. L'ordre ecclésiastique fait aussi partie de l'ordre social, c'est l'autorité qui est en cause ; que la sphère où réside sa personnification soit moins élevée, n'importe, dès qu'elle aura perdu de son prestige dans les régions inférieures, elle le perdra bientôt dans les régions suprêmes. Croyez-moi, ne laissez pas impunie la rébellion d'un soldat envers un simple caporal, pas plus que vous ne la laisseriez impunie si elle s'adressait au plus haut grade ; le degré de châtiment pourra n'être pas le même, mais qu'il y ait châtiment. L'Allemagne doit au respect de l'autorité le plus beau fleuron de sa couronne, entourez de tout votre respect l'autorité, ce sera de votre part un acte de patriotisme. Savez-vous ce que pense de notre condamnation la conscience publique ? Elle dit hautement qu'on a fait litière de la loi ! Que c'est une débauche judiciaire ; elle se demande si ce n'est pas la main de la persécution qui nous a frappés. De longtemps elle ne reviendra de son émotion. Vous m'accusez au nom de la nation, au nom de la nation je vous réponds : je ne suis pas coupable.

Je pourrais m'en tenir là, Messieurs, et m'abriter derrière le rôle qui m'était imposé ; je n'étais pas libre devant la loi, je ne l'étais pas devant les exigences de l'opinion. Mais discutons les paroles incriminées du mandement.

Sont-elles donc une ingérence si flagrante dans les affaires de l'État, une pomme si grosse de discorde jetée parmi les citoyens pour que j'aie dû les frapper de ma propre censure et donner à mes paroissiens l'exemple funeste d'un inférieur qui apprécie les ordres de son chef ? Au bruit qui s'est fait autour de ce mandement, il semblerait qu'il n'eût qu'un but : déverser le blâme sur les actes du gouvernement et mettre la mèche aux poudres de la guerre civile. Mais le pèlerinage de Sion était décidé avant la guerre ; qu'il se fut fait avant la guerre, le mandement qui nous y eut invités eût été ce qu'il est ; Monseigneur nous eut engagés aussi chaleureusement à venir prier pour l'Église et pour la Patrie, car le prêtre catholique ne les sépare pas l'une de l'autre dans son cœur. Il possède, lui aussi, des trésors d'affections ; ses affections il ne peut les individualiser sans danger pour son ministère, sans trouble pour sa conscience, il en enveloppe l'Église et la Patrie. St-Louis fit graver sur son anneau nuptial ces trois noms : Dieu, la France et Marguerite ; le prêtre français porte dans son cœur ces trois noms : Dieu, l'Église et la France ! Monseigneur aime l'Église et la France de toute l'ardeur d'un cœur qui ne s'est pas dépensé en détail ; sous sa plume s'est tout simplement glissée la nuance des événements.

Quand sa Grandeur pousse un cri de joie au départ des armées étrangères, c'est évidemment à la partie de son diocèse restée française qu'il s'adresse ; il n'y avait pas d'armées étrangères chez nous annexés, il n'y a pas eu de départ. Monseigneur était bien libre, ce me semble, de se réjouir dans un mandement qui nous était aussi adressé, d'un événement avec lequel nous n'avions rien de commun. Quand il invite ses diocésains à s'humilier dans l'épreuve afin de se relever dans l'espérance, c'est évidemment aussi à la partie française de son diocèse qu'il s'adresse ; on ne voit pas qu'ici les douleurs ni les vœux de la Lorraine soient nullement impliqués ; en dehors du résultat territorial de la guerre, la France est aujourd'hui, par les dettes fabuleuses qu'elle a contractées, par les impôts qui l'accablent et les partis qui se la disputent en face d'un lendemain qui justifie pleinement les paroles épiscopales.

Monseigneur ne pouvait-il accorder un souvenir aux villes de Metz et de Strasbourg ? Il les appelle nos infortunées sœurs, pouvait-il trouver un euphémisme plus doux ? S'il parle du traité de Francfort, c'est, il faut en convenir, en termes bien inoffensifs, et sa pensée est tellement dissimulée sous les voiles littéraires, qu'il a été très-difficile, je devrais dire impossible, à mon auditoire, qui n'est pas un cénacle d'académiciens, de la saisir au vol rapide de la lecture ; et encore, le traité de Francfort n'est pas l'acte du gouvernement qui régit les populations annexées.

Monseigneur nous invite à aller demander à la Ste-Vierge, entre autres faveurs, que des hauteurs de Sion l'horizon ne soit pas à jamais borné par une frontière.

Ne descendons pas, Messieurs, dans le champ-clos vulgaire des susceptibilités réciproques, ce serait indigne de vous et de moi ; restons sur le terrain noble des principes : Qu'est-ce qu'une patrie ? Ce n'est pas un fantôme, vous le prouvez tous les jours à l'Allemagne par un amour ardent, enthousiaste, exclusif ; le Français donne la même preuve à la France. Ai-je besoin de vous l'avouer ? C'est l'âme broyée sous le poids d'une immense douleur que j'ai vu arriver parmi nous vos soldats victorieux ! Alors j'ai senti naître au fond de mes entrailles un sentiment que je ne connaissais pas encore : la haine, une haine instinctive, aveugle, forte contre ma raison et contre ma foi. J'offris à vos soldats, spontanément, sans y être contraint, le tribut de ma pauvreté, parce que dans l'ennemi je voyais malgré tout un homme ; un homme qui avait faim, qui avait soif. Je haïssais vos soldats et cependant je les admirais. Après avoir laissé, au foyer de la famille en deuil, une épouse, de petits enfants, un vieux père, une vieille mère, après avoir épuisé le calice des plus amères séparations, ils allaient, rayonnants d'un saint orgueil, mourir pour la patrie ! Ah ! si j'avais pu faire pour la France ce qu'ils faisaient pour l'Allemagne ! Mais en versant le sang de l'homme, j'eus profané l'huile sacerdotale qui a coulé sur mes mains ! Ah si dans ce moment, il m'avait été permis de donner mon sang pour mes frères , si dans ce moment, l'Ange des nations m'avait offert de sauver la France à condition de tomber moi-même sous une balle ennemie, froidement, sans avoir pour me soutenir l'ivresse de la bataille ! Cette balle, qui eût dû consommer mon holocauste, j'eus demandé à la baiser d'abord et je l'eus baisée avec amour !

C'est que la patrie, ce sont les gloires, ce sont les vertus, c'est la tombe et c'est l'autel des aïeux ! Dépôt sacré qui a le pouvoir de transformer le citoyen en soldat et le prêtre en hostie !

Eh ! Messieurs, soyons justes, est-ce que la France n'a pas ses gloires et ses vertus séculaires ? C'est notre patrimoine aussi à nous Lorrains, nos pères ont concouru à le grossir ! Voilà pourquoi nous ne pouvons nous passer de la France ! La France non plus, ne peut se passer de nous, ce serait disposer frauduleusement de notre part dans l'héritage patrimonial ; nous devons vivre avec elle, ou elle doit mourir avec nous ?

Ne venez pas nous dire, à l'ombre des vieilleries historiques, que notre mère c'est l'Allemagne ; Lorrains, nous ne vous comprendrons pas, nous ne connaissons de mère que la France, l'Allemagne serait tout au plus notre aïeule ! Nous pouvons nous sentir épris d'admiration pour l'Allemagne, nous n'avons d'amour que pour la France et nous l'aimons aujourd'hui de cet amour que sait attiser l'auréole de la douleur au front d'une mère !

Il vous serait mille fois plus facile de vous arranger avec nous si la France était les États-Unis. L'intérêt personnel est le seul lien entre eux ; quand l'intérêt personnel trouvera son compte ailleurs, le lien sera rompu. Aux Etats-Unis les gloires nationales ne sont rien, il n'y en a pas. La guerre d'indépendance ne fut qu'une controverse fiscale; Washington, la seule grande figure de ce drame mercantile, faillit succomber sous le poids de sa tâche, parce qu'il n'avait plus de quoi payer ses mercenaires ; son testament politique est l'égoisme érigé en dogme. Aux Etats-Unis, pourvu que l'enclume résonne sans cesse sous le marteau, que l'épaisse fumée de nombreuses usines étende au loin son lugubre linceuil, que les produits trouvent un écoulement avantageux et emplissent les coffres-forts, on ne demande rien au-delà.

Notre patrie à nous, n'est pas cet immense laboratoire où toutes les facultés de l'homme et toutes les richesses de la terre viennent se résoudre en or ! C'est un sanctuaire que le génie a orné de tous les chefs-d'œuvre, où tous les arts et toutes les vertus resplendissent d'un radieux éclat ! Nos ancêtres, ce ne sont pas des marchands, ce sont les Croisés ; ce sont les soldats d'Arques et d'Ivry, de Fontenay et de Rocroi, de Jemmapes et de Valmy, de Marengo et d'Arcole, d'Austerlitz et d'Iéna, de Wagram et de Waterloo ! Je cite Waterloo, parce que certaines dé-

faites sont aussi glorieuses que certaines victoires !
Nos ancêtres, a dit Napoléon 1er, sont un peuple de
géants !

N'espérez pas nous séduire par un bien-être quelconque ; je le veux bien, votre main sera douce, votre parole affectueuse, votre sollicitude attentive et constante, vous ne nous surchargerez pas d'impôts, vous viendrez au secours de nos misères, vous nous traiterez comme on traite des frères qu'on vient de retrouver. Vains efforts ! L'Indien ne peut se passer de ses forêts, l'Arabe de son désert, le Lorrain ne peut se passer de la France vaincue (1).

La France, ai-je dit, ne saurait non plus se passer de la Lorraine, que peut-il en advenir ?

Reconnaissons-le, Messieurs, la grandeur d'une nation ne réside ni dans l'étendue de son territoire, ni dans le nombre de ses soldats, mais dans son respect du droit, son amour du devoir, la pureté de ses mœurs, les œuvres de son génie, l'ardeur de son patriotisme, la sagesse de ses institutions. La Suisse,

(1) Ici, le président a arrêté M. le Curé de Lucy, lui disant que la défense ne pouvait continuer dans cet ordre d'idées. M. le Curé lui a répondu qu'il ne pouvait la modifier de façon que, dans la crainte continuelle de froisser la Cour, elle restât encore une défense sérieuse ; elle sera ce qu'elle est, a-t-il dit, ou ne sera pas du tout. Après le réquisitoire, le président lui a offert de nouveau la parole, il y a renoncé.

Après en avoir délibéré la Cour a confirmé le jugement condamnant M. Demnise à trois mois de forteresse.

je ne parle pas de cette Suisse dégénérée qui ne sait qu'opprimer les âmes, mais de cette Suisse qui se personnifie dans les Guillaume Tell, les Valter Furt, les Arnold de Mecthal ; de cette Suisse qui avait du courage, non pas contre des prêtres pacifiques, des citoyens désarmés, des vieillards, des femmes et des enfants ; non pas de cette Suisse qui ne s'appuie que sur le nombre de quelque provenance qu'il soit, mais de celle là qui, ne redoutant par le nombre, dispersait sans cesse des armées formidables sans cesse renaissantes de leurs défaites. Elle n'était qu'un pêle-mêle de chaumières, de rochers, de vallons et de forêts ; elle ne comptait guère que des bergers et des bûcherons ; mais ces rudes paysans avaient le bras ferme et le cœur haut ; ils aimaient leurs chaumières, leurs rochers, leurs vallons et leurs forêts ; ils surent les entourer de l'auréole de l'indépendance et la postérité leur rend hommage ! La grandeur de la vieille Helvétie est immortelle comme le granit de ses montagnes !

La possession de la Lorraine, qui dit Lorraine aujourd'hui, dit Alsace ; Alsace-Lorraine, c'est l'unification dans le malheur commun ; la possession de la Lorraine ne fait rien à la grandeur de la France ni à la grandeur de l'Allemagne ; la France peut redevenir grande sans reconquérir la Lorraine comme aussi l'Allemagne pourrait rester grande après que la Lorraine aurait cessé de lui appartenir ; la possession de la Lorraine n'est pas pour la France une question de puérile gloriole, mais une question de haute humanité.

Or la Lorraine ne peut-elle pas retourner à la France sans que l'épée sorte du fourreau ? Le poëte l'a dit :

> Quelques vains lauriers que promette la guerre,
> On peut être héros sans ravager la terre !

Supposez qu'un jour l'intérêt de l'Allemagne et la possession de la Lorraine s'excluent, que l'Allemagne gagne à un échange, à une alliance dont la Lorraine serait le prix, que sais-je moi ? En Europe, aujourd'hui, les intérêts réciproques sont soumis à tant de fluctuations que demain peut surgir un incident qui modifie les traités. Eh bien, Monseigneur l'évêque de Nancy salue ce jour de *ses indomptables espérances !* Il en appelle, non pas à la force des armes, comme vous il a horreur du sang, mais à la miséricorde de Dieu et à la sagesse de l'avenir ; ainsi entend-il *les légitimes revendications* de la France !

Sans doute l'ardeur de son patriotisme ne l'autoriscrait pas à jeter parmi nos populations des paroles qui seraient une discussion des affaires de l'État, un danger pour la paix publique. Oh ! si sa Grandeur nous avait dit : vous êtes les victimes d'une politique rétrograde, on a disposé de vous sans vous consulter, sachez subir les faits accomplis, mais ne négligez aucune occasion d'affirmer vos droits et mettez à profit le jour propice, si Elle nous avait parlé dans ce sens, je ne me permettrais pas de défendre ici son langage, mais non, Elle convie à la prière les vaincus ?

Remarquez bien, Messieurs, Monseigneur convie à la prière les vaincus ! C'est leur dire : soyez soumis aux pouvoirs établis, n'attendez rien des hommes, ni des autres, ni de vous-mêmes, attendez tout de Dieu, que la prière soit votre seul refuge ! Quel souffle, vous en conviendrez, Messieurs, quel souffle de résignation et de paix !

Franchement voyez-vous dans le langage épiscopal une discussion des affaires de l'Etat ?

Y voyez-vous un danger pour la paix publique ? Un danger pour la paix publique ! un appel aux citoyens à se ruer les uns sur les autres ! dans les conditions où nos populations se trouvent ? Comment ! ces populations ne se sont pas permis contre vos troupes le moindre acte d'hostilité, elles ont ouvert à vos soldats, sans résistance aucune, le cellier du riche et celui du pauvre, elles ont su trouver au milieu des angoisses dont leur âme était abreuvée, ce suprême élan de charité qui confondait dans les mêmes soins la blessure du frère et celle de l'ennemi, et cela, quand un mouvement de désespoir pouvait, leur ôtant le sentiment de leur propre sécurité les porter à des déterminations extrêmes ; quand tous les jours des journaux, franchissant clandestinement vos lignes, leur mettaient sous les yeux l'image sanglante de la patrie se débattant, dans d'héroïques efforts, sous le talon du vainqueur, les exhortaient à faire arme de tout, supputant, pour les encourager, le résultat, chimérique sans doute, des coups qu'elles pouvaient porter et leur rappelaient, trop judicieusement peut-être en égard aux différences de temps, de lieux et de moyens, l'exemple d'autres âges ! Ces populations vaincues, résignées, isolées, dépourvues de tout élément de guerre pouvaient, sous l'influence du langage épiscopal, concevoir l'audace de se masser sous l'étendard de la révolte, de provoquer, d'attendre ou d'aller chercher ces formidables bataillons qui naguère les épouvantaient ? Est-il possible que l'accusation ait formulé un semblable grief ? Est-ce une scission en deux camps de nos populations elles-mêmes et une lutte à ce point fratricide que le langage épiscopal pouvait amener ? Je ne sais, Messieurs, jusqu'où vont nos droits dans les circonstances exceptionnelles qui nous régissent, mais il en est un que nous revendiquons : le respect de nos douleurs !

Nos populations étaient restées bien paisibles après avoir entendu le mandement de Monseigneur, elles continuaient à accepter le nouvel ordre de choses avec une docilité qui vous a peut-être scandalisés. Ce qui les a troublées, c'est l'action subite, imprévue, inexplicable dirigée contre nous; c'est cette sévérité inquiète, pour ne rien dire de plus, qui, sans égards pour leurs infirmités, arrachaient de leurs presbytères lointains de pacifiques vieillards ; ce sont les violences, les injures que M. le Juge de Paix de Château-Salins, agissant comme Juge d'instruction, nous a prodiguées ; c'est au point que, pour mon compte, je doutais si j'étais un accusé devant un magistrat ou un forçat sous la verge de son gardien. En présence de tant de rigueur, nos populations ont tourné vers l'avenir un regard stupéfié ; elles n'avaient jusque là, sur les lèvres, que des paroles de résignation, elles n'ont aujourd'hui que des paroles de malédiction ; elles se disent : est-ce ainsi qu'après avoir conquis notre territoire on espère conquérir nos cœurs !

Serrons le raisonnement, affrontons loyalement, poitrine découverte, toutes les armes de la loi. Qu'aurait dit le gouvernement français si, avant cette guerre à jamais malheureuse, Monseigneur l'évêque de Nancy était venu, dans un de ses mandements, inviter nos populations à prier pour que la Lorraine fût détachée de la France ?

De grâce, Messieurs, n'identifions pas deux situations si radicalement différentes. Autrefois, nos populations restant Françaises, restaient sur le giron de leur mère ; les engager à renier leur mère eût été un acte contre nature ; poursuivre correctionnellement un acte pareil eût été lui faire trop d'honneur.

Mon Dieu, je sais bien que la France, dans cette guerre néfaste, a donné plus d'un scandale ; j'ai déploré tout le premier cette légèreté insouciante qui ne s'est pas donné la peine de compter avec ses moyens, l'habitude de vaincre ! J'ai couvert de mon indignation ces ambitions honteuses qui n'ont pas rougi de se faire un trône avec des ruines, ces calculs misérables qui ont troqué l'épée du soldat contre la plume du diplomate. Mais à part cette légèreté dont je doute encore qu'elle soit corrigée, ces ambitions et ces calculs qui en définitive, ne se sont pas étendus au-delà de certaines personnalités, avouez, Messieurs, que la France s'est toujours retrouvée elle-même, jalouse de son indépendance, ardente sur le champ de bataille, généreuse envers l'ennemi tombé entre ses mains ! J'ai dit : ardente sur le champ de bataille, les cuirassiers de Reischoffen seront un jour une légende ! Et puis, que voulez-vous, nous l'aimons ainsi, avec ses imperfections et ses faiblesses.

Ne sortons pas de ce principe que nos populations ont été violemment séparées de la France, que leur cœur saigne toujours, qu'au moins la génération présente ne verra pas se cicatriser une si profonde blessure ; la loi ne prétend pas, je pense, comprimer jusqu'aux pulsations de notre cœur ! Nos populations voyaient avec tristesse que Monseigneur n'eût encore, dans aucun de ses mandements, prononcé le nom de cette patrie si chère ! Je puis vous en parler avec connaissance de cause, moi, ma vie est fusionnée avec leur vie. Que de fois ne les ai-je pas entendues épancher leur amertume, dans ces termes qui leur sont familiers : Monseigneur ne pense plus à nous, Monseigneur nous abandonne ! Placé entre sa prudence et son cœur, Monseigneur était dans un étau, un étau cruel. Arrive le jour de douce mémoire, où nous attend N.-D. de Sion, c'est le moment pour Monseigneur, d'envoyer à nos populations cette parole de consolation qui doit être au moins une parole d'espérance ; et que nous dit-il ? soyez soumis « priez ». Voilà le perturbateur, voilà le langage que M. le Juge d'instruction a traité d'infâme.

J'arrive au chef d'accusation qui m'est personnel, je vous le confesse, Messieurs, j'ai été singulièrement surpris quand dans l'interrogatoire qu'il m'a fait subir, M. le Juge de Paix de Château-Salins m'a révélé qu'il m'était absolument interdit de traiter en chaire des questions politiques ; il restreignait le cadre de mes instructions tellement que je devrais me borner à enseigner qu'il y a trois personnes en Dieu ; il en donnait pour raisons que les prêtres ne sont pas assez instruits pour rien entendre à la politique. Devant cet oracle, je n'avais qu'à m'incliner.

Traiter en chaire des questions exclusivement politiques, rassurez-vous, Messieurs, j'ai en trop haute estime le ministère apostolique pour le rapetisser à ce point ; dans ces termes, ma conscience me trace elle-même une limite que, je l'espère, je ne franchirai jamais.

Mais le gouvernement pourrait-il bannir absolument de la chaire la politique ? Je dis que non ; et pourquoi ? Parce qu'il ne le pourrait pas; parce que le domaine de la politique est par trop indéfini ; parce que, inévitablement, s'en m'en douter, je serai amené à traiter en chaire des questions politiques ; un exemple : puis-je déterminer la part qui revient au christianisme dans la grandeur de telle nation ? Ici, l'élément politique est essentiellement mêlé à l'élément religieux, or pour éviter une poursuite correctionnelle devrai-je laisser dans l'ombre ce côté des bienfaits du christianisme. Un autre exemple : le gouvernement vient de promulguer une loi dont nous, catholiques, nous avons à nous réjouir ; j'en informe mes paroissiens et du haut de la chaire, j'adresse des félicitations au gouvernement ; voilà de la politique ; est-ce que pour cela je serai susceptible d'une poursuite correctionnelle ?

La parole apostolique est libre jusqu'à ce qu'elle rencontre l'article 130 du Code pénal ; voyons si l'article 130 du Code pénal atteint le discours dont j'ai laissé le manuscrit entre vos mains.

D'abord reconnaissons, Messieurs, que mes paroles n'ont pu provoquer une lutte intestine entre mes paroissiens ni leur inpirer la pensée d'une propagande d'insurrection. Nous n'avons plus ces caractères chez qui le sentiment de la patrie perdue est une poudrière que la moindre étincelle peut faire sauter ; le soulèvement de nos populations, vous ne le redoutez ni pour aujourd'hui ni pour demain. A l'appréciation vient se joindre le fait : il y aura bientôt un an que mes paroissiens ont entendu mon discours que vous prétendez séditieux et le cristal de leur tranquilité n'a pas été troublé un instant. L'accusation n'a pu trouver, pour étayer le grief d'une atteinte à la paix publique, que le passage de mon discours où je dis que la France : *généreuse envers les nations qu'elle a domptées, ne pardonne pas aux autres leur victoire ; qu'elle est redoutable quand elle est vaincue.* Ainsi, j'aurais fait mirer, aux yeux de mes paroissiens, l'espoir d'une revanche? J'ai simplement ajouté un trait au portrait de la France telle qu'elle m'apparait. J'en appelle à vos consciences, Messieurs, la paix publique a-t-elle pu s'émouvoir de mes paroles ? Je croirais manquer au respect que je vous dois en insistant sur ce point.

L'accusation prétend que j'ai discuté les affaires de l'État et savez-vous ce qu'elle a invoqué à son appui ? L'idée générale de mon discours : la France favorise le catholicisme. En cela j'ai discuté les affaires de l'État ? J'ai censuré le gouvernement ? Franchement, je ne m'en serais jamais douté ; le gouvernement est donc hostile au catholicisme ! Ne confondons pas, Messieurs, avec le gouvernement prussien, le gouvernement allemand ; je n'ai rien à régler avec le gouvernement prussien ; le roi de Prusse et l'empereur d'Allemagne sont deux personnages distincts ; que l'empereur d'Allemagne passe, je m'inclinerai devant sa Majesté, le roi de Prusse, je l'honorerai d'un salut si bon me semble, or je proclame que je ne connais du gouvernement, dont je relève, aucun acte hostile au catholicisme ; s'il s'en est permis un seul, ce ne peut être que dans la dernière session du parlement fédéral ; je n'ai pu le censurer il y dix mois puisqu'il n'était pas né.

J'ai fait l'éloge de la France ? Mais, Messieurs, n'êtes-vous pas avec elle dans les relations de l'amitié ? Serais-je l'objet d'une poursuite correctionnelle si j'avais dit d'une autre nation ce que j'ai dit de la France ? Pourquoi donc cet ostracisme arbitraire dont la France serait frappée ? Me sera-t-il encore permis de prononcer son nom ? La lionne tombée, une balle au flanc, tient le chasseur attentif jusque dans les convulsions de son agonie, est-ce qu'après ses inconcevables désastres la France rayonnerait encore de cette gloire que son nom seul fasse tressaillir son vainqueur ? Ah ! Messieurs, dites-moi que vous le croyez, que vous rendez cet hommage à ma noble et infortunée patrie ?

Si l'éloge de la France constitue chez moi un délit ce ne peut être qu'en vertu d'une loi d'exception ;

cette loi, où est-elle ? Produisez-la ? Vous ne l'avez pas ? Attendez que vous l'ayez pour me poursuivre et me condamner. L'éloge de la France froisse les oreilles allemandes peut-être ? Et pour cela vous me condamnez ? Alors ce n'est pas même un principe qui me condamne, ce n'est plus qu'un sentiment.

J'ai fait l'éloge de la France à l'exclusion des autres nations ? Ne puis-je donc pas signaler les qualités que je reconnais à la France sans que les autres nations s'en plaignent et surtout sans que vous vous fassiez les vengeurs de leur mérite méconnu ? Et sans prendre avis des autres nations, sans vous inquiéter si la partie offensée me fait grâce de l'offense, vous me condamnerez pour diffamation ?

J'ai fait l'éloge de la France à l'exclusion des autres nations et surtout de l'Allemagne ? Je me doutais un peu, je vous l'avoue, que cette sollicitude pour les autres nations n'était qu'une compagne donnée à une autre sollicitude qui redoutait, probablement par excès de timidité, d'entrer seule en scène.

Il en est des nations, Messieurs, comme des individus, chacune a son tempérament, son caractère, sa somme de qualités et d'imperfections. Que je fasse le portrait de l'Allemagne, je mettrai en relief, je vous le jure, cette obéissance passive qui ne discute jamais les ordres de l'autorité ; cette prudence calculatrice qui voit de loin, cote ses ressources, combine ses moyens, sait avancer à temps et reculer à propos ; cette indomptable énergie qui marche lentement, opiniâtrement vers le but qu'elle peut atteindre, sans se fatiguer des obstacles qu'elle rencontre ; cet esprit positif qui sait profiter des efforts qu'il a faits, des sacrifices qu'il s'est imposés, du résultat qu'il a obtenu. Mais, Messieurs, je ne puis faire en même temps le portrait de la France et celui de l'Allemagne ; j'ai fait celui de la France, je ferai celui de l'Allemagne quand vous m'en prierez.

L'éloge de la France à l'exclusion surtout de l'Allemagne ? L'accusation a-t-elle voulu insinuer que j'aurais imputé à l'Allemagne les défauts opposés aux qualités que j'ai constatées chez la France ? J'ai dit que l'esprit français est l'antipode de l'égoïsme, de la duplicité et du droit de la force, qu'il en est l'antidote efficace ; en cela j'ai déconsidéré l'Allemagne ? Mais partout vous rencontrez l'égoïsme, la duplicité et le droit de la force, en France, en Allemagne, en Angleterre, en Italie, dans la vie sociale et dans la vie privée, partout ! C'est bien légèrement que l'accusation fait naître une antithèse que rien ne laissait soupçonner. On n'est habituellement desservi, dit le proverbe, que par ses amis ; à la place de l'Allemagne, je gronderais fort M. le Procureur Impérial ; je lui donnerais l'avis de Talleyrand ; surtout, Monsieur, pas de zèle.

Je n'ai en rien amoindri l'Allemagne, ni directement ni par voie d'allusion ; je n'ai pas prononcé son nom ; l'article 130 ne s'inquiète nullement de la manière dont j'aurai parlé de l'Allemagne, mais seulement de l'ingérence que je me serai permise dans les affaires de l'État, et de l'atteinte que mes paroles auront portée à la paix publique, et je tombe sous le coup de l'article 130 ? L'accusation lui donne une étendue qui me confond pour le présent, qui m'inquiète pour l'avenir.

Elle me reproche d'avoir fait prier pour la France ; selon elle je me suis ainsi approprié les paroles incriminées du mandement. Permettez, Messieurs, je décline la responsabilité personnelle des paroles que je n'ai pas prononcées moi-même, et je trouve fort étrange que l'accusation se soit oubliée à ce point. Mais puisqu'elle l'a engagée, j'accepte la discussion. L'invitation personnelle que je fais à mes paroissiens de se joindre au pèlerinage de Sion précise un but qui m'est personnel et qui diffère du but précisé par le mandement. Le mandement, j'en pense..... ce que j'en pense, c'est mon secret. J'engage mes paroissiens à prier pour la France, et que demanderont-ils pour elle ? Qu'elle en vienne à bouleverser de nouveau les frontières et disposer encore des couronnes ? A Dieu ne plaise qu'une page de plus s'ajoute à l'histoire de ses conquêtes ! La conquête est toujours le malheur de la victoire, elle en est souvent le crime ! Les nationalités ne naissent pas de la puissance d'une épée lors même que cette épée serait celle d'Alexandre ou de Napoléon. Dans l'éblouissement du triomphe, les conquérants ne voient pas les ruines qu'ils entassent, ils n'entendent pas les sanglots qui se mêlent au bruit de leur ovation ! Un jour, les larmes des mères et les cris de l'humanité, torturée dans de continuelles amputations, les dénoncent à la suprême Justice ; ce jour-là c'est fait de leurs rêves et de leur puissance ! Comparez la France de 1815 à celle de 1812.

Ce n'est pas la conquête que j'invite mes paroissiens à demander pour la France.

Avec son impétuosité native, la France *va depuis longtemps aux extrêmes ; à une autorité exagérée, à une liberté sans limites ;* d'où il résulte qu'on a *ici le despotisme du sceptre, là le despotisme du gourdin.* C'est un danger pour la civilisation *l'Europe tombera dans la barbarie par deux courants contraires si la France ne parvient pas à concilier dans sa personne l'autorité et la liberté :* Mes paroissiens demanderont *pour la France des institutions où le droit collectif et le droit individuel vivent côte à côte dans un sage équilibre ;* je les y invite au nom de la civilisation dont la France *est une des conditions essentielles.* En cela où est mon délit ? M. de Bismarck lui-même ne proclamait-il pas, à une certaine époque, que la France et l'Allemagne devaient marcher de paire ? Que leur influence égale et leur bonne harmonie devaient hâter et protéger la marche de la civilisation ? Je sais bien que paroles de diplomates ne sont pas toujours paroles d'Evangile, mais enfin je n'ai fait qu'extraire du bagage de mes souvenirs les paroles de M. de Bismarck.

Je n'ai pas nié que l'Allemagne ait une grande importance dans l'œuvre de la civilisation, j'ai dit que la France en est une des conditions essentielles ; une des conditions, pas la seule. l'Allemagne en est une condition aussi. Mais il arrive parfois que l'on ne peut faire seul ce que l'on ferait avec le concours d'un autre : si la France manque à l'œuvre de la civilisation, la tâche pourra devenir excessive à l'Allemagne, au lieu de me condamner, vous devez vous associer à mes vœux.

Vous trouvez des appréciations historiques dans mon manuscrit ; de censure à l'adresse du gouvernement, des lois, du traité de Francfort ; de vœux pour que l'Alsace-Lorraine retourne à la France, pas un mot ; vous pouvez me réfuter, vous ne pouvez me condamner.

Un fait domine tous les raisonnements et proclame mon innocence sur les deux chefs d'accusation.

Deux témoins l'ont affirmé, je n'avais pas permis et cela à plusieurs reprises qu'on chantât dans mon église les cantiques du pèlerinage de Lourdes, je n'ai pas permis non plus qu'à la solennité de la Toussaint on chantât ceux du pèlerinage de Sion. Alors je ne songeais guère à une action correctionnelle, elle ne s'est révélée qu'au 20 Novembre. Suivez mon raisonnement :. J'ai refusé *l'exequatur* aux cantiques de Lourdes et de Sion, pourquoi ? Par ce qu'une prière dont l'objet n'est pas bien déterminé et qui emprunte au chant le caractère d'une manifestation , me semblait porter atteinte à la loi ; donc je ne veux pas porter atteinte à la loi dans mon église ; je ne le ferais, Messieurs, que dans le cas où mes principes catholiques seraient en cause, alors je saurais prouver que j'obéis à Dieu avant d'obéir aux hommes ; ici je m'appelle Légion. Donc, si je n'ai pas passé sous silence les paroles incriminées du mandement, c'est, abstraction faite de mes obligations hiérarchiques, qu'elles ne me paraissaient pas porter atteinte à la loi ; si j'ai sollicité de mes paroissiens des prières en faveur de la France, j'en ai déterminé le but, c'est afin qu'elle reprenne son influence civilisatrice et que l'Église redevienne libre, et qu'en cela, je l'ai suffisamment prouvé, le gouvernement, les lois, le traité de Francfort ne sont nullement engagés.

Une simple question : puis-je dans une même circonstance et sans qu'un mobile différent vienne influencer mes actes, respecter et mépriser la même loi ? Non, si je jouis de ma raison, oui, si ma raison est oblitérée ; eh ! Messieurs , est-ce que je suis un insensé ? Si je suis un insensé, je revendique le triste privilége de mon infortune ; une sentence d'absolution.

Je disais en commençant que si le délit est douteux le magistrat fait parler la loi en faveur de l'accusé, la loi n'atteint que des délits raisonnablement établis ; vous me passerez, Messieurs, que mon délit, sur les deux chefs d'accusation, est au moins douteux. Eh bien ! voyez les conclusions de M. le Procureur Impérial, c'est une petite opération d'arithmétique :

Pour s'être approprié les paroles du mandement . . . . 2 mois de forteresse.

Pour avoir fait l'éloge de la France à l'exclusion des autres nations et surtout de l'Allemagne. . . . . 1 mois de forteresse.

        Total. 3 mois de forteresse.

Et le tribunal de répéter :

Pour s'être approprié les paroles du mandement . . . . 2 mois de forteresse.

Pour avoir fait l'éloge de la France à l'exclusion des autres nations et surtout de l'Allemagne. . . . . 1 mois de forteresse.

        Total. 3 mois de forteresse.

Il n'a accepté les conclusions de M. le Procureur Impérial contre aucun de mes coaccusés, à moi, il a accordé en tout le bénéfice des circonstances aggravantes.

L'accueil que j'ai fait à ma condamnation ne regarde que moi. J'ai pu l'accueillir d'un geste de dédain ou la saluer comme on salue la persécution ; l'apôtre qui parle et le martyr qui souffre sont plus grands que le bourreau qui frappe ; mais aussi, elle a pu être pour ma vieille mère le coup d'une mort prématurée des quelques jours qu'espérait encore ma tendresse ; pour mon vieux père, le deshonneur de ses cheveux blancs et le désespoir de son agonie ; pour mes frères, pour mes sœurs, la souillure d'un nom jusque-là sans tache. Dans tous les cas, elle est pour mes paroissiens la veille d'une pénible séparation et le tarissement trop long des sources surnaturelles où va puiser leur foi. Messieurs, y songez-vous ?

Non ce n'est pas la loi qui m'a condamné, c'est le sentiment, c'est la force majeure, c'est la raison d'État ? Ce procès appartient à l'histoire ! Encore une fois, ce n'est pas devant vous que je devais comparaître ! Nous savons, en France, comment, sans toucher à l'arche sainte de la loi, on défend les situations difficiles ; nous avons connu tour à tour César et Spartacus. La différence entre la main de l'un et celle de l'autre, c'est que l'une était gantée, et que l'autre ne l'était pas, mais pour opprimer elles se valaient. César et Spartacus se sont délivré un blanc-seing au nom de la sureté générale, ils ont pu ainsi user et abuser des gendarmes, mais ils n'ont jamais confié à la magistrature le soin de réprimer quiconque leur déplaisait. « Il n'y a point, a dit Montesquieu, de plus cruelle tyrannie que celle que l'on exerce à l'ombre des lois et avec les couleurs de la justice, lorsqu'on va pour ainsi dire noyer des malheureux sur la planche même sur laquelle ils s'étaient sauvés. » Vous savez l'émotion qui s'est produite en France quand, naguère, on a évoqué des premiers jours de l'Empire le spectre hideux des commissions mixtes; tout magistrat repoussait comme une flétrissure le soupçon d'avoir déserté le temple lumineux de la justice pour pénétrer dans la chambre noire de la politique, allez-vous être de ces transfuges ?

Toutefois, Messieurs, l'arbitraire opérant sous le couvert de la sureté générale, est entre les mains de tout gouvernement qui s'en sert l'aveu de sa faiblesse; l'opinion ne s'y trompe pas. Je vous en avertis, on s'use vite à cette besogne. Vous voyagez dans l'Inde, vous arrivez près d'un lac, la surface de ses eaux est tranquille, pas la plus légère brise ne balance les hautes herbes de ses rives ; cependant un flot se dessine presque inperceptible dans des directions capricieuses, vous ne comprenez rien à ce phénomène ? Vous ne voyez pas le monstre qui se promène au fond du lac.

L'État croira avoir tout gagné quand il aura tout fait passer, les lois comme le reste, sous les fourches caudines de sa main de fer ? Erreur ! Sous la surface silencieuse et tranquille que j'appelle les apparences, s'agite, frémissante, redoutable, la dignité humaine ? Un jour elle secouera dans sa puissante main cette main de fer et lui dira : à mon tour maintenant !

Je me résume. — Que signifie Messieurs, le jugement rendu contre moi ? Voilà un accusé, son délit est d'avoir été esclave des fonctions publiques dont il est investi, son langage, expliqué devant le simple bons sens, est en tout point irréprochable ; un double témoignage prouve jusqu'à l'évidence qu'il n'a jamais voulu franchir les limites qui circonscrivent la liberté de son ministère, la loi se sent désarmée contre lui. Mais, des considérations, émanant d'un ordre politique s'imposent à nous ; gardiens et interprêtes de la loi, nous deviendrons les instruments de la politique ; les populations seront atterrées ? N'importe, l'essentiel n'est pas de nous faire respecter, mais de nous faire craindre, nous condamnerons cet accusé. Parler ainsi, confirmer le jugement, Messieurs, vous ne le pouvez pas ! vous ne le ferez pas !

France, ô ma patrie, agrée ce gage de mon amour ! Je serai heureux si, porté à tes pieds sur les ailes du souvenir, il peut sécher une de tes larmes ! A toi ma liberté, à toi ma vie ! Je t'aime surtout quand je te compare ! Oh sans doute, s'il me fallait choisir entre Dieu et toi, je choisirais Dieu, mais après Dieu, c'est toi !

www.ingramcontent.com/pod-product-compliance
Lightning Source LLC
LaVergne TN
LVHW021712080426
835510LV00011B/1736